MW01706656

Para Noa y Sol.

Texto de Ana Delgado

Ilustraciones de Moni Pérez

Impreso en papel procedente de bosques sostenibles

© SUSAETA EDICIONES S.A. - Obra colectiva
C/ Campezo, 13 - 28022 Madrid
Tel.: 91 3009100 - Fax: 91 3009118
Impreso y encuadernado en España
www.susaeta.com

Cualquier forma de reproducción, distribución, comunicación pública o transformación de esta obra solo puede ser realizada con la autorización de sus titulares, salvo excepción prevista por la ley. Diríjase a CEDRO (Centro Español de Derechos Reprográficos) si necesita fotocopiar o escanear algún fragmento de esta obra (www.conlicencia.com; 91 702 19 70 / 93 272 04 47).

D.L.: M-6632-MMXIII

FIESTAS del Mundo

susaeta

Fiestas del mundo

Nos encantan las celebraciones. Celebramos cumpleaños, aniversarios, logros personales... Organizamos festivales. Instituimos Días Mundiales. Y muchas de las celebraciones se repiten anualmente, ya que un año es un ciclo de nuestra vida.

En este libro veremos algunos ejemplos de las fiestas con mayor tradición del mundo, y cuyo origen es antiquísimo. Otras son más recientes, pero todas son enormemente populares y no te querrás perder ninguna.

Una de las fiestas más alegres es el **CARNAVAL**. Se celebra cada año antes de la Cuaresma, el periodo cristiano en el que, para purificarse antes de la Pascua, se hace penitencia, ayuno y abstinencia. Antes de la Cuaresma, los cristianos aprovechan para hacer todo lo que no podrán hacer después: comer, beber, bailar... El Carnaval es una fiesta de excesos, ¡pura juerga!

El Sol, la Luna y las estaciones sirven para medir el paso del tiempo: los días, los meses y los años. Gracias a ellos hemos elaborado los **CALENDARIOS**.

El solsticio de verano marca el momento en el que el Sol brilla durante más horas en el día, y se celebra en todo el mundo. El solsticio de invierno señala el día más corto y un importante cambio: el reinado de la noche termina, pues a partir de entonces el Sol irá ganando terreno a la oscuridad.

Las estaciones han marcado también los momentos en los que hay que sembrar o cosechar, así como las épocas de lluvias y de sequía, de las que depende pasar o no hambre.

Las primeras **RELIGIONES** rendían culto al Sol, la Luna y las estaciones. Las religiones posteriores se mezclaron con ellas y siguieron celebrando los mismos momentos del año, aunque honrando a nuevos dioses. Cada religión tiene hoy sus propias fiestas y conmemora los momentos en los que sus dioses o sus profetas hicieron algo especial por su pueblo.

Los calendarios nos marcan el inevitable fin: la **MUERTE**. Muchas culturas recuerdan de forma especial a las personas que se fueron, y otras creen que la muerte no es un adiós definitivo, y que pueden contactar con sus antepasados en momentos concretos del año.

Aunque ciertas celebraciones comparten un mismo origen, las diferentes culturas y **TRADICIONES** han dado lugar a fiestas singulares. Algunas se han hecho tan populares que reciben cada vez más adeptos, como estas:

El último día del calendario es un día señalado: es el final de un periodo y el paso a un nuevo comienzo. Todo el mundo celebra este cambio tan importante y simbólico diciendo adiós al pasado y recibiendo el **AÑO NUEVO** con alegría.

Carnaval de Brasil

El Carnaval de Brasil es el más conocido internacionalmente. Miles de personas acuden cada año para disfrutar de una semana que se celebra con música, baile y grandiosos desfiles con suntuosas carrozas. Esos días –normalmente, en el mes de febrero–, las calles se llenan de ritmo y color. Río de Janeiro es la ciudad donde el carnaval luce en todo su esplendor, sobre todo en el sambódromo: allí el «Rey Momo» da comienzo al carnaval: empieza a bailar samba y, tras él, el resto de los presentes. Las escuelas de samba desfilan al son de la música siguiendo su propia coreografía.

Carnaval de Santa Cruz de Tenerife

En España se celebra uno de los carnavales más famosos del mundo, que se remonta al siglo XVII. El día más destacado es el de la elección de la Reina del Carnaval, cuyo fastuoso traje es siempre asombroso y espectacular.

Carnaval de Venecia

El famoso carnaval de las máscaras se celebra de manera oficial desde el siglo XIII. Es una fiesta que tiene una gran personalidad: ataviados con elegantes trajes de la Venecia del siglo XVIII y ocultando su identidad tras una máscara, los venecianos salen a pasear para lucirse, ya sea en las misteriosas calles de la ciudad italiana o cruzando sus numerosos canales sobre una góndola. En los palacios venecianos se celebran lujosos bailes.

MARDI GRAS

«Mardi Gras» es el nombre del desfile que se celebra el Martes de Carnaval (*Mardi Gras*: martes «graso» o «lardero», anterior al Miércoles de Ceniza) durante los carnavales de Nueva Orleans, en Luisiana, Estados Unidos. Se trata de un divertido festival callejero con música y baile en el que destacan los colores púrpura, verde y dorado, y los participantes se adornan con vistosos collares de cuentas.

Cure Salée

En este impresionante festival del desierto que se celebra hacia finales de septiembre se conmemora una tradición de los pueblos nómadas tuareg y wodaabe, que se reúnen en InGall, Níger, por el final de la temporada de lluvias, para coger provisiones antes de viajar al sur durante la estación seca. Una de las cosas que necesitan es sal para los camellos; de ahí el nombre de *Cure Salée* («cura salada»). En InGall se produce mucha sal.

Antiguamente, esta fecha marcaba también el momento de buscar pareja o comprometerse en matrimonio, y se celebraba con música y danzas, competiciones y juegos. Los hombres se vestían con los trajes tradicionales, se pintaban y llevaban elaborados tocados. Esta celebración ha ido cambiando con el tiempo, pero sigue siendo el escenario del feliz encuentro entre los pueblos nómadas del desierto.

Dong Zhi

Dong Zhi (冬至) significa en chino «el extremo del invierno». Y es que esta festividad tiene lugar durante el solsticio de invierno, cuando las noches son más largas, porque a partir de ese momento del año el Sol «renacerá» y comenzará a brillar cada día un poco más.

Para celebrar esta ocasión tan importante en su calendario las familias se reúnen y comparten una cena, recordando que son un año mayores.

Dong Zhi no solo se celebra en China: también en Taiwán, Japón, Corea y Vietnam, y en cada lugar se siguen unas tradiciones. En China y Taiwán, por ejemplo, es típico en algunas zonas comer unas bolas dulces de pasta de arroz, que generalmente suelen ser de color rosa y verde.

INTI RAYMI

Los antiguos incas celebraban el solsticio de invierno con una gran fiesta en honor al dios Sol, al que llamaban Inti en su lengua quechua. *Inti Raymi* significa, precisamente, «fiesta del Sol».

Hoy esta fiesta, una de las más importantes de Sudamérica, sigue siendo tradicional para muchos pueblos de la cordillera de los Andes, y, como están en el hemisferio Sur, el solsticio tiene lugar en junio (porque, cuando es invierno en el hemisferio Sur, es verano en el Norte, y al contrario).

Inti Raymi es una gran fiesta en la ciudad de Cuzco o Cusco (Perú), que se llena de visitantes. El día grande es el 24 de junio, cuando cientos de personas vestidas con traje incaico representan la ceremonia del soberano Inca y llevan a cabo diversos rituales, como esperar de rodillas la salida del Sol, hacer ofrendas, bailar y ofrecer al Sol la chicha de jora, la bebida ceremonial.

MIDSOMMAR

Midsommar es la celebración del solsticio de verano en Suecia. Es una fiesta que está íntimamente relacionada con la naturaleza: se celebra al aire libre y los niños salen a recoger flores. Las mujeres entrelazan con ellas bonitas guirnaldas y se adornan el cabello con preciosas coronas, que simbolizan la magia y la buena suerte. Se comen fresas, se cantan canciones tradicionales y se baila alrededor de un Palo de Mayo decorado con vegetación.

NOCHE DE SAN JUAN

La Noche de San Juan, que es la noche del 23 al 24 de junio, se celebra en numerosos lugares del mundo, y también se asocia al solsticio de verano. Aunque los rituales dependen de cada celebración, la presencia del fuego es común a muchos. La tradición de saltar hogueras tiene un significado purificador.

Diwali

Los hindúes celebran Diwali en el mes de noviembre. La palabra *Diwali* procede del sánscrito (una lengua antiquísima que en la India es clásica, como el latín en los países occidentales). En sánscrito *Dipavali* significa «fila de lámparas encendidas»; de ahí proviene la fiesta de Diwali, que es conocida como la fiesta de las luces, porque se encienden velas, lámparas de aceite, fuegos artificiales... y también se reza y se hacen rangolis, coloridos dibujos de arena en el suelo de la entrada de las casas. En Diwali se conmemora el regreso a casa del dios hindú Rama tras su exilio de catorce años después de vencer al rey de los demonios raksasas.

Holi

El festival hindú de los colores Holi, convocado al inicio de la primavera, también es muy antiguo. Para celebrar la victoria del Bien sobre el Mal, se queman grandes piras de manera simbólica, y al día siguiente se celebra el amor de los dioses lanzando al aire polvos de pigmentos que cubren la ropa y la piel de las personas, tiñendo las calles de llamativos colores. Cada color tiene un significado: azul para el dios personificado Krishna; morado para el misterio; rosa para la compasión; verde para la primavera y el renacer; rojo para el amor y amarillo para la felicidad.

Eid al-Fitr

Para los musulmanes, el Ramadán conmemora el momento en que su libro sagrado, el Corán, le fue revelado al profeta Mahoma. Durante el mes que dura, desde que amanece hasta el anochecer no está permitido ingerir nada (excepto en el caso de los niños). Este ayuno los ayuda a purificarse espiritualmente. Al final del Ramadán, celebran Eid al-Fitr: una ocasión de fiesta y regocijo, aunque también de oración en comunidad.

Comienza con un rezo a Alá en la mezquita y después se toma un gran desayuno, el primero tras el largo Ramadán. Es un día en que se estrena ropa nueva, se usan perfumes, se visita a los familiares y a los amigos y los niños reciben regalos.

Eid al-Fitr significa en árabe «fiesta de la ruptura del ayuno».

Loy Krathong

La preciosa festividad budista de Loy Krathong se celebra en Tailandia para dar gracias por las lluvias y las cosechas; esto se hace encendiendo una vela que se deposita sobre una pequeña balsa hecha con un tronco de banano; luego, se deja la balsa con la vela encendida en un río. Todo lo malo y negativo se va, simbólicamente, con la corriente, así que es una forma de liberarse y purificarse. Muchas personas también honran a la diosa hindú del agua Phra Mae Khongkha.

Yi Peng

En el norte de Tailandia, cuando se celebra Loy Krathong, también tiene lugar el llamado Festival de las Linternas; ambos coinciden la misma noche de luna llena, pero no son la misma fiesta. Yi Peng, igualmente de origen budista, es un ritual de liberación y purificación y también consiste en encender luces, solo que en lugar de colocarlas sobre una balsa en el río se sueltan al aire en unos farolillos o linternas hechas con papel de seda. ¡El efecto es espectacular!

Navidad

Los cristianos conmemoran el nacimiento de Jesús durante la Navidad. «Navidad» procede del latín *Nativitas*, que significa «nacimiento». No en todos los lugares se celebra de la misma forma: para algunos, es tradicional escenificar el momento del nacimiento con un Belén, así llamado porque representa la ciudad de Belén, donde nació Jesús. Otros colocan un árbol con la estrella de Belén en lo alto, comen galletas de jengibre, o adornan las casas con luces... Pero algo que hacen los cristianos de todo el mundo es reunirse en familia, ya sea el día de Navidad o la víspera, Nochebuena, y cantar todos juntos canciones navideñas (villancicos).

LOS NIÑOS

Como se celebra el nacimiento de Jesús, todos los niños se convierten en protagonistas; por eso suelen recibir regalos. Las figuras más famosas que entregan regalos son PAPÁ NOEL (en Estados Unidos, Reino Unido y el norte de Europa) y los REYES MAGOS (en la península Ibérica y gran parte de Latinoamérica).

YOM KIPUR

Para los judíos, el día más sagrado del año es Yom Kipur, el Día del Perdón. Después de su Año Nuevo (Rosh Hashaná), llega una jornada de diez días de reflexión que finaliza con Yom Kipur, cuando se pide perdón a Dios por los males cometidos durante el año anterior, con el propósito de mejorar el siguiente. Es un día de ayuno y de arrepentimiento, en el que se lee la Torá (el libro sagrado de los judíos) y se recitan oraciones. Cuando termina Yom Kipur se hace sonar un shofar (un instrumento fabricado con el cuerno de un carnero) y se celebra una comida que pone fin al ayuno.

JANUCÁ

La tradición cuenta que, tras la victoria de los judíos macabeos frente a los griegos, en el Templo de Jerusalén se produjo un milagro: el candelabro de siete brazos (la menorá) permaneció encendido durante ocho días, cuando solo quedaba aceite para uno. Desde entonces, para conmemorar la victoria y el milagro se enciende un candelabro de nueve brazos (la januquiá) durante ocho días: del brazo central se toma la llama para prender, cada día, una de las velas laterales. Pero no todo es rito en esta festividad: también se dan regalos a los niños, se comen dulces y pastelitos fritos, se cantan canciones y los niños juegan al dreidel, una peonza de cuatro caras.

DÍA DE MUERTOS

Aunque no es excepcional de México, es en este país donde se celebra con más ceremonias esta fiesta mundialmente famosa. Calaveras y ofrendas a los muertos son sus señas de identidad, pero lo importante es su significación, pues lo que se celebra es la unión de la vida y la muerte.

La muerte era una ocasión especial para los pueblos prehispánicos (los que habitaban México antes de la llegada de los españoles), porque morir significaba reencontrarse con los familiares. Aunque el cristianismo transformó la celebración, el significado sigue conservándose. Se cree que, durante el Día de Muertos, los fallecidos regresan al mundo de los vivos; así, estos se reencuentran con sus difuntos una vez al año.

La celebración tiene lugar del 1 al 2 de noviembre (Día de Todos los Santos y Día de los Fieles Difuntos), y es una fiesta trascendente pero llena de color.

HALLOWEEN

Noche de miedo, de brujas y fantasmas... *All Hallow's Eve*, la Víspera de Todos los Santos, es una celebración típica de Estados Unidos que también se celebra en otros lugares del mundo. La noche de Halloween, los muertos regresan al mundo de los vivos. Tradicionalmente se creía que, para que esa noche los malos espíritus no maldijeran tu casa con un «truco», había que hacer un «trato» con ellos. Hoy, los niños se disfrazan de espíritus malignos y recorren el vecindario dando a elegir entre «Truco o trato»; solo que el trato se ha convertido en dulces y golosinas. Es típico comer manzanas de caramelo e iluminar con velas el interior de calabazas huecas con forma de caras fantasmagóricas.

Samhain

Se cree que esta fiesta de origen celta, con la que estos pueblos celebraban el fin de la temporada de cosechas, es el origen de Halloween. El nombre de «Samhain» proviene del gaélico, una lengua de Irlanda, donde los celtas estuvieron mucho tiempo asentados. Ellos fueron los primeros en decorar las calabazas, pero allí dejaron muchas otras tradiciones. Samhain acabó mezclándose con el Día de Difuntos cristiano.

Feria de las Flores

La preciosa fiesta colombiana que se celebra en la ciudad de Medellín acoge cada vez más visitantes. Por supuesto, y como su nombre indica, las flores son las protagonistas indiscutibles.

El Desfile de los Silleteros es el acto principal; las silletas son las estructuras de madera que portan los adornos florales que se exhiben, y en las que antiguamente se cargaban las flores para venderlas. Las silletas tradicionales son las que recuerdan este uso y las que mayor variedad de flores tienen: orquídeas, lirios, fucsias, claveles, bromelias... Un festival natural de aromas y colores. Las flores son el símbolo de Antioquía, la región donde se encuentra Medellín.

Además del gran desfile de silletas se organizan numerosos actos culturales, así como concursos, conciertos... Y es tradicional recorrer en bicicleta las calles de la ciudad.

San Patricio

El 17 de marzo los irlandeses celebran el día de San Patricio; pero no solo lo hacen los irlandeses que viven en Irlanda, sino todos los irlandeses del mundo. Y lo hacen a lo grande: actualmente, la celebración dura varios días.

Comenzó siendo una festividad religiosa que conmemoraba la muerte del santo, pero las raíces de la cultura irlandesa fueron tomando relevancia. Música tradicional, baile, desfiles... y un ambiente cargado de verde en el que abundan los duendes y los tréboles, ya que son símbolos que remiten a la cultura de los antiguos pobladores de Irlanda: los celtas. Los celtas creían en duendes y hadas, y festejaban la llegada de la primavera con una planta que para ellos era sagrada, el trébol.

Se cuenta que para explicar el concepto católico de la Santísima Trinidad (que Dios es a la vez Padre, Hijo y Espíritu Santo), San Patricio usó la planta de tres hojas, el trébol. Así, cultura celta y cristianismo se funden este día de fiesta que todos los irlandeses celebran con orgullo.

AÑO NUEVO CHINO

El Año Nuevo chino es la más famosa de las celebraciones de Año Nuevo lunar. Un calendario lunar es aquel que no cuenta el paso de los días (marcado por el Sol), sino las fases de la Luna. Muchas culturas reflejan así el transcurso del tiempo, y la mayoría tienen calendarios lunisolares, como el chino: miden los días del año teniendo en cuenta la Luna, y, las estaciones, de acuerdo con el Sol. El calendario tradicional chino dedica cada nuevo año a uno de los animales de su horóscopo: la rata, el buey, el tigre, el conejo, el dragón, la serpiente, el caballo, la cabra, el mono, el gallo, el perro o el cerdo.

En China el Año Nuevo no cae en una fecha concreta, sino que varía entre enero y febrero. Para recibirlo, se limpia muy bien la casa y se decora con adornos de color rojo, pues da suerte y ayuda a espantar a los malos espíritus. La víspera de Año Nuevo se celebra una cena en la que no pueden faltar el pescado ni las empanadillas chinas *jiaozi*, y nadie puede comer hasta que el más anciano da el primer bocado.

También se conmemora a los ancestros, se hacen regalos, se cantan canciones y se lanzan espectaculares fuegos artificiales. Se bailan las danzas del León y del Dragón, se encienden farolillos, se organizan desfiles... Durante varios días, toda China está de fiesta.

Songkran

En Tailandia, el Año Nuevo se celebra siguiendo el calendario tradicional budista, y se corresponde con nuestro día 13 de abril, aunque la celebración dura tres días. Es una fiesta arraigada en la tradición budista y por eso los rituales religiosos son importantes: ir al templo, ofrecer comida a los monjes y verter agua sobre Buda, así como en las manos de las personas mayores, son cosas que se hacen durante estos días, en los que la gente regresa a su casa familiar para estar con sus seres queridos.

La presencia del agua en estas fechas es significativa; de hecho, el Songkran se ha hecho famoso por las guerras de agua callejeras: todo el mundo acaba empapado en medio de un ambiente festivo donde también se celebran desfiles, hay música en vivo y actuaciones.

El agua simboliza la purificación. La palabra *Songkran* hace referencia al cambio y la transformación: el agua «limpia» por fuera y por dentro, para poder entrar en el nuevo año en un estado más puro y renovado.

TWEEDE NUWE JAAR

Tweede Nuwe Jaar significa en afrikáans (una de las lenguas de Sudáfrica) «Segundo Año Nuevo». Se celebra en Ciudad del Cabo a modo de reivindicación, pues, cuando había esclavos, solo se les daba un día libre al año: el día posterior al de Año Nuevo, el 2 de enero. Ellos lo celebraban entonces y por eso su Año Nuevo es el «segundo».

Es una gran celebración, casi como un carnaval; por eso también se conoce como Carnaval de Ciudad del Cabo (Cape Town Carnival). Los participantes se visten con llamativos trajes de colores, se pintan, organizan desfiles y, sobre todo, tocan música y bailan para festejar la alegría de la libertad. Hacen sonar tambores para acompañar su música tradicional y celebran su herencia multirracial. Es una preciosa forma de recordarnos a todos que la esclavitud no puede volver a repetirse nunca.

Happy New Year
Happy New Year
Happy New Year
Happy New Year
Happy New Year
Happy New Year

Nochevieja

En nuestro calendario (el gregoriano) el año termina el 31 de diciembre, y en buena parte del mundo se celebra una gran fiesta para dar la bienvenida al Año Nuevo. A medianoche, los reunidos esperan expectantes a que el reloj dé las 12, pues justo en ese momento se cambia de año. Todos brindan, se abrazan y se besan, y reina la alegría en un ambiente de fiesta. Se tiran petardos, hay fuegos artificiales, suena la música, llegan las felicitaciones y los mejores deseos para el nuevo año...

Cada lugar sigue unas tradiciones diferentes para atraer a la suerte. En España se comen doce uvas, una por cada campanada del reloj, y se cree que, si se consiguen tragar todas en lo que duran las campanadas, habrá suerte para el resto del año. En Japón son nada menos que 108 campanadas las que tocan. En Dinamarca muchos se lanzan desde una silla con la primera campanada, para entrar en el nuevo año «saltando». En algunos países de Latinoamérica es común pasearse con una maleta para asegurarse un viaje el siguiente año. En Rusia se escriben los deseos en un papel, se queman inmediatamente y se echan las cenizas en la copa de champán, para brindar con ellas. En Italia cenan lentejas, y en Colombia se las meten crudas en el bolsillo...

¡Cualquier cosa para asegurarnos un feliz Año Nuevo!